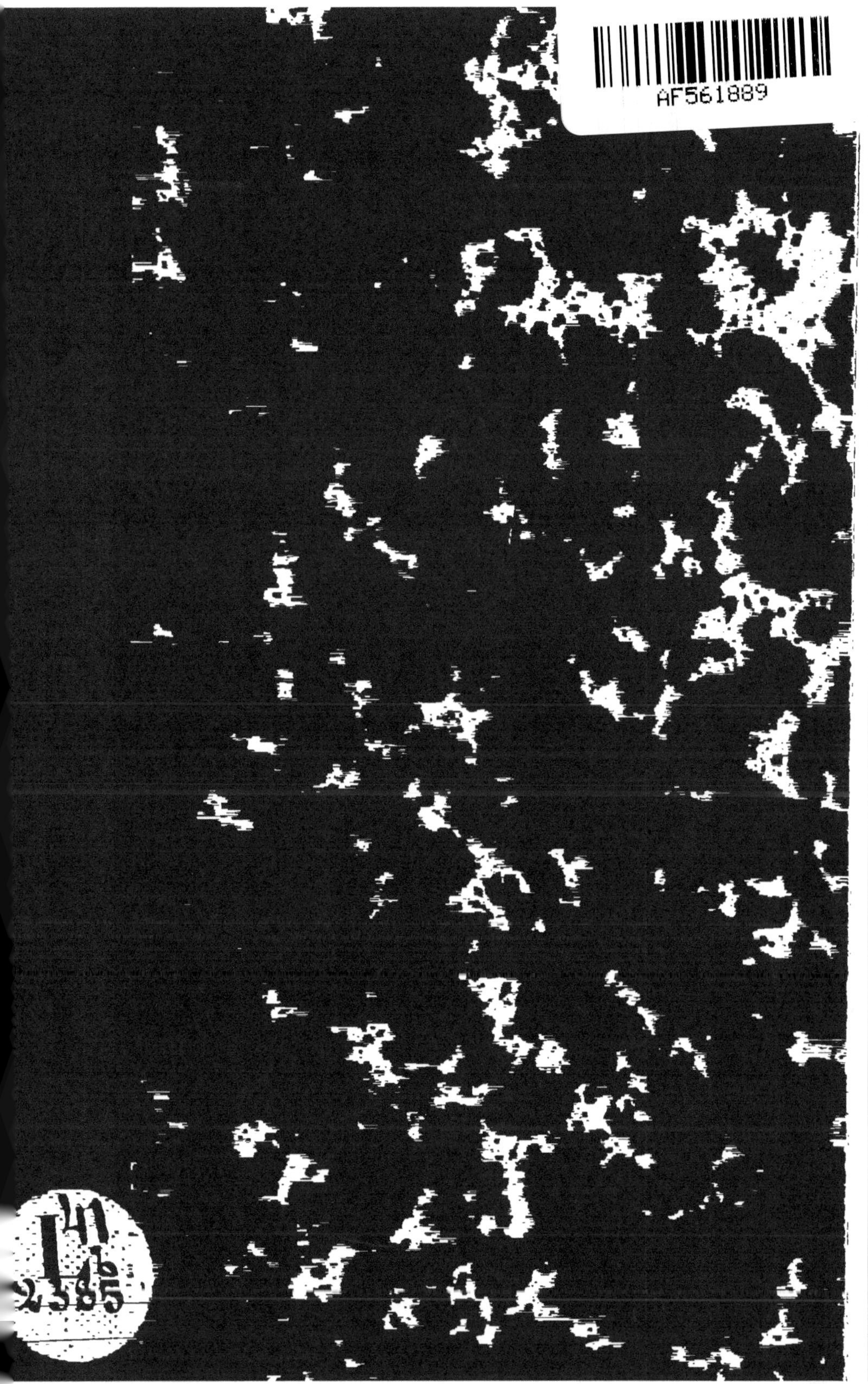

INSTITUTS RÉPUBLICAINS,

OU

DÉVELOPPEMENT ANALYTIQUE DES FACULTÉS NATURELLES, CIVILES ET POLITIQUES DE L'HOMME.

Sans devoir, point de droit.

BONNEMAIN.

A PARIS,

Chez les Directeurs de l'Imprimerie du Cercle Social, rue du Théâtre Français, n°. 4.

(1792.)

L'an Ier. de la république française.

INSTITUTS

RÉPUBLICAINS,

OU

Développement analytique des facultés naturelles, civiles et politiques de l'homme.

AVANT-PROPOS.

Source de dégradation de l'espèce humaine.

LORSQUE, dégagé des passions qui asservissent, des préjugés qui aveuglent, on parcourt d'un œil philosophique tous les coins du globe, et qu'on pénètre dans les replis du cœur de l'homme, les associations politiques ne paraissent plus que des amas d'êtres oppresseurs ou opprimés. Quelle peut être la source d'un tel désordre ? L'*ambition*, la *cruauté* des uns ; l'*ignorance*, la *lâcheté* des autres.

Dangers de l'ignorance.

Brutes et stupides, les premiers hommes, faute de connaître leurs vrais intérêts, n'ont trouvé dans les relations avec leurs semblables, que des obstacles à leur bonheur. De là, d'innombrables erreurs propagées, converties en principes par l'adulation; de là le ravalement de l'espèce humaine, jusqu'à croire qu'elle était faite pour le caprice d'une poignée d'ambitieux, érigés en maîtres sous des noms divers; de là l'*esclavage*.

Utilité des lumières.

Des hommes, d'un courage égalant la sagesse et les connoissances acquises à l'école du malheur, lèvent le voile de l'imposture, et la *lumière* se fait. La philosophie foule aux pieds les préjugés; la vérité se montre, aussitôt on reconnaît l'égalité naturelle des hommes.

Réformes à faire.

Si la nuit de l'ignorance a été pour les notions justes un chaos, si elle a rendu les facultés de l'homme méconnaissables, il faut qu'à l'aurore de la *raison* le hideux esclavage disparaisse, que d'un pole à l'autre se consolide le pacte social, et que sur toute la surface du globe s'établisse enfin le *bonheur commun.*

Moyens.

Quels *moyens* peuvent conduire à une réforme si salutaire ? Réprimer ses passions ; remplir ses devoirs, faire de sages loix, les exécuter ponctuellement ; régénérer les mœurs par une bonne instruction publique ; constituer, limiter les pouvoirs, de sorte que les gouvernans aient intérêt de faire le bien des gouvernés.

Mais afin que l'homme marche sur des principes vrais, invariables, il faut lui apprendre à connaître ses facultés sous tous les points de vue, les lui démontrer par des applications justes, analytiques, assez claires pour lui en faire saisir au premier apperçu les rapports et les résultats.

§. PREMIER.

Explication des facultés naturelles et sociales de l'homme.

Egalité naturelle.

Les hommes, par leur contexture, par leur

naissance et par leur mort, montrent jusqu'à l'évidence l'*égalité* qu'ils tiennent de la *nature*.

Utilité réciproque.

Sujets à des besoins, à des infirmités, à des accidens, il leur faut des *secours*; c'est la source de l'*utilité réciproque*.

Facultés de l'homme.

Chaque homme a la propriété de sa personne, ou nul ne l'aurait. De cette propriété naît la liberté essentielle d'agir : elle n'a de borne que le point où l'on peut nuire à autrui. Telle est l'origine des *facultés de l'homme*.

Inégalité de moyens.

Les hommes, égaux par les mêmes facultés d'agir, ne le sont point en *moyens* : il en est de forts et de faibles, d'intelligens et d'ineptes. De là des *inégalités* dans le travail, dans les produits; c'est d'où dérivent les disproportions de fortunes et de jouissances.

Penchant pour la vie sociale.

L'homme ayant pour principal but son bien-être, et ne pouvant physiquement se suffire à lui-même, porte en soi une propension irrésistible à se réunir avec ses semblables. Ce *penchant pour la vie sociale*, nécessité, commandé impérativement par la nature, est la source des associations politiques.

Droits et devoirs mutuels de l'homme.

Chaque individu désirant et cherchant dans la société, son utilité particulière, il résulte que tous les associés ont le même intérêt de se respecter et de s'aider réciproquement. Donc le bonheur de tous devient le garant de la félicité de chacun. C'est en quoi consiste essentiellement le pacte social, d'où émanent les *droits et les devoirs mutuels de l'homme*, qui doivent toujours aller d'un pas égal.

Egalité morale et sociale.

Puisque le devoir mutuel assure le droit de chacun, il faut qu'à l'appui de l'égalité naturelle entre les hommes, règne l'*égalité morale et sociale.*

Liberté.

L'égalité maintient la paix parmi les hommes, tous ayant le même intérêt ou le même but. C'est dans la *paix* que réside la *liberté*; car l'anarchie, le désordre portent atteinte aux actions les plus utiles à la société.

Propriétés.

La liberté consiste à faire tout ce qui ne nuit pas à autrui ; chacun doit jouir de ses facultés, en raison du degré de force et d'intelligence dont il est pourvu par la nature. C'est de là que résultent les *propriétés* mobiliaires et territoriales.

Relations des hommes.

Conséquemment à ces principes, les *relations des hommes* doivent être libres et d'une utilité réciproque.

Droits et devoirs civils.

Ainsi, le corps social doit maintenir chaque membre dans la plénitude de ses facultés physiques et morales. Tel est le principe de sûreté de la *garantie des propriétés*, des *conventions* et des *actions* sociales, d'où découlent les *droits et les devoirs civils.*

Fins de la société.

La communication des individus, développant et multipliant les facultés physiques et morales, par les secours réciproques, un état bien organisé sera propre à perfectionner, à annoblir l'espèce humaine et la porter au plus haut point d'élévation. Telles sont les *fins de la société*.

§. II.

Formation du corps social, civil et politique.

Pacte social.

L'homme est destiné à l'association avec ses semblables ; c'est donc à lui de choisir spontanément ceux avec qui il veut vivre. Qu'est-ce qui forme le *pacte social*, sinon *l'accord des volontés libres* ? Ce pacte, suivant sa nature, exige le consentement unanime de tous les associés. Se trouve-t-il des opposans à ce contrat ? Ils ne peuvent l'invalider ; seulement ils n'y sont point compris.

Peuple.

Par cette réunion d'hommes, chaque individu met sa personne sous la direction de la volonté générale, et il est considéré comme partie indivisible du tout. Tous les *associés* indistinctement forment le *peuple*.

Etat.

L'acte d'association de tous les membres, produit un corps collectif, moral et civil, dont l'unité donne l'existence à l'*état*.

Si l'état est institué par le plus grand nombre, le consentement tacite de ceux qui n'ont pas formé le pacte, est présumé dans la résidence; habiter un pays, c'est se soumettre à ses lois.

Souverain.

L'intérêt le plus pressant d'une nation est celui de sa conservation. Il ſaut donc une force universelle et compulsive pour mouvoir et diriger convenablement chaque partie. Il est essentiel au pacte social, que le corps civil ait une autorité absolue sur chacun de ses membres. Sans cette autorité il naîtrait des désordres de tout genre. Le pouvoir d'où émane cette autorité, représente le *souverain*. La souveraineté n'est que l'exercice de la volonté générale; elle est donc une, indivisible, inaliénable, imprescriptible. Sous quelque forme qu'un peuple exerce ses fonctions souveraines, quelque pouvoir qu'il ait transmis, il n'est jamais censé avoir aliéné sa volonté.

Indépendance mutuelle des associés.

Tous les associés ont le même intérêt et le même but ; en conséquence ils doivent tous participer directement ou indirectement à l'autorité souveraine. Sous ce rapport, ils sont *indépendans les uns des autres.*

Leur indépendance du corps civil.

Mais obligés de contribuer aux charges de l'état, d'obéir à la volonté générale, ils sont sous la *dépendance du corps civil.*

Loi.

Si la réunion des associés forme l'existence de l'état, la volonté et le mouvement donnent la vie au corps politique. Il faut donc des conventions pour lier, pour unir les devoirs aux droits : c'est l'*accord mutuel* qui forme la LOI.

Esprit de la loi.

L'objet de la loi est toujours général ; elle n'a jamais en vue un seul individu, elle considère tous les membres en corps ; puisqu'elle embrasse le bien de tous, elle les lie tous ; elle est un regître qui réunit l'universalité de la volonté ; c'est le *peuple souverain* qui, ne considérant que lui-même, statue sur le *peuple sujet*. Ainsi *l'esprit de la loi*, soit qu'elle protége, soit qu'elle récompense, soit qu'elle punisse, est de ramener à son véritable objet, la *justice universelle, émanée de la raison*.

Egalité politique.

La loi, expression de la volonté générale, ayant essentiellement pour but le bien commun, tous les associés sont nécessairement égaux à ses yeux ; elle les protége ou punit également, et il ne peut y avoir parmi eux d'autres distinctions que celles que leur donnent leurs vertus et leurs talens ; ils doivent être récompensés ou punis, suivant les cas déterminés par elle. Ainsi la loi, par sa puissance coërcitive, force l'homme injuste, à remplir ses devoirs. De là l'*égalité politique*, qui garantit l'égalité naturelle et civile.

Religion civile.

Comme l'esprit de l'égalité politique est d'assurer, de garantir la conservation et la jouissance de tous les droits mutuels, il résulte que les engagemens sont réciproques, et qu'en les remplissant, on ne peut travailler pour autrui, sans travailler également pour soi. La volonté générale, lorsqu'elle est bien consultée, est toujours droite, toujours juste. Ainsi, tout *contrat d'association* renferme un *engagement réciproque* de chaque membre de la société avec le public, et du public avec l'individu. De la sainteté de cet acte, sort la *religion civile*, cet aimable culte de la loi qui élève l'ame, agrandit la pensée, donne ce brûlant amour pour la patrie, conserve cette belle harmonie fraternelle entre les associés, et soutient le superbe édifice de l'état.

Organisation de l'état.

Première base de l'organisation d'un peuple libre.

La puissance nationale réside essentiellement dans le peuple. C'est donc au peuple qu'il appartient de faire la loi, de se donner telle constitution qu'il lui plaît, de choisir le mode de gouvernement qui lui paraît convenable, en un mot, *le peuple souverain doit être l'instituteur du peuple sujet.*

Telle est la *première base de l'organisation d'une nation libre.*

Citoyens.

Tous les individus composant une nation,

sont autant de membres du corps social ; ils sont désignés par la qualité de *citoyens*. Le citoyen d'un pays ou membre d'un état, est celui qui y est né, qui l'habite, celui qui, en voyageant au dehors, a conservé l'esprit de retour, celui qui, du dehors, y est venu établir sa résidence. Le citoyen en bas âge, en démence, en captivité, ou dans tout autre état de suspension de ses facultés morales, ne perd point sa qualité de citoyen, il est seulement privé de l'exercice de ses droits. La dégradation civique, si elle n'emporte point bannissement, assimile aux étrangers. Pour jouir de l'exercice des droits de citoyen, il faut avoir un domicile connu, l'âge compétent, contribuer aux charges de l'état, en un mot, réunir en soi les qualités qu'exige la loi.

Citoyens en exercice sont les représentans de la nation.

Quoique l'égalité politique règne parmi tous les citoyens, il est physiquement impossible que tous concourent à la formation des pouvoirs. Les femmes les enfans, les personnes d'un esprit aliéné, les absens, les étrangers, tous ceux enfin qui n'ont pas les qualités convenables pour manifester leur opinion, sont tacitement représentés par les citoyens votans ou en exercice. C'est à ceux-ci qu'est dévolu le droit de participer à l'institution de l'état, à la confection des lois, à la formation des pouvoirs, à l'organisation de la force publique, à l'assiette des dépenses de l'état, en un mot, à l'impulsion et à la force active du gouvernement. Ces *citoyens votans*, tous ensemble, *représentent la nation entière.*

L'ordre social exigeant nécessairement, pour l'intérêt commun, unité de but et concert de moyens, l'établissement public doit être le résultat de la volonté du plus grand nombre des citoyens en exercice. C'est par la majorité des suffrages qu'on peut s'assurer que la loi est conforme à la volonté générale ou du souverain.

Pouvoir constituant.

Les citoyens votans ou représentant la souveraineté, forment le *pouvoir constituant* qui établit tous les pouvoirs publics sans exception.

Constitution d'état.

Le pouvoir constituant n'étant point soumis

d'avance à une constitution donnée, peut adopter telle forme de gouvernement qu'il lui plaît ; c'est par la majorité réunie des volontés ayant un même but, que se détermine l'établissement politique, qu'on appelle *constitution d'état*. Un peuple a toujours le droit de réformer sa constitution ; il est de sa sagesse de ne faire cette réforme qu'à des époques fixes, d'après une nécessité bien sentie, bien démontrée.

Sa base fondamentale.

Veut-on qu'une constitution soit bonne et durable ? qu'elle ait pour *base fondamentale*, les droits éternels et imprescriptibles de l'homme. La garantie de tous envers chacun, et de chacun envers tous, doit constituer dans le corps politique la plénitude indivisible et inaliénable de la souveraineté nationale ; tous ne doivent faire qu'un, et chacun doit jouir entièrement de ses facultés physiques et morales en se conformant aux lois de l'état.

Développement et application.

Et afin que les conséquences répondent aux principes, qu'elles leur donnent le *développement* et l'*application* ; la constitution d'un peuple libre doit garantir comme droits

naturels

turels et civils : l'égalité politique des citoyens, dans les punitions et dans les récompenses. — La sûreté des personnes. — La liberté des actions, et conséquemment la jouissance ou la juste indemnité des propriétés territoriales et mobiliaires. — La répartition égale des impôts, proportionnément aux facultés de chaque individu. — Le service public personnel, lorsque les facultés physiques le permettent. — Les actes de naissance, mariage et sépulture, dans la seule considération qui appartient aux actes civils ; la faculté de dissoudre le lien conjugal, dans les cas d'inconvenance entre les époux. — L'égalité dans les successions. — Enfin, les mêmes lois, le même poids, la même mesure dans l'état.

Comme les lois ont la plus grande influence sur le caractère du peuple, il faut en resserrer le nombre dans un cercle peu étendu ; elles exigent clarté, méthode, expression ; c'est le moyen de prévenir l'astuce, l'artifice, et de mettre la mauvaise-foi en défaut.

Nécessité d'une instruction publique.

L'opinion étant le grand levier de la morale, et une source non-équivoque du bonheur ou du malheur d'un peuple, il importe de la bien diriger. Il faut donc une *instruction publique* dont les premiers élémens soient les lois fondamentales de l'état : c'est par une bonne instruction que leurs mœurs se régénèrent, et que d'un peuple vicieux, on parvient à faire un peuple vertueux.

Quoiqu'il appartienne au pouvoir constituant de faire lui-même le code constitutionnel, il n'est guère possible, dans un état considérable, que des citoyens en exercice, restent long-temps assemblés sans nuire à leurs intérêts personnels et conséquemment à l'intérêt général. Comment pourraient-ils se communiquer leurs idées avec assez de promptitude, en raison de l'éloignement les uns des autres? D'ailleurs la plupart n'ont pas les facultés propres pour rédiger des lois. Il faut donc que le pouvoir constituant transmette cet emploi auguste à des hommes qui, par leurs lumières et leur sagesse, méritent sa confiance.

Convention nationale.

Ces membres élus, réunis en assemblée nationale pour préparer la constitution, forment un corps supérieur à tous les fonctionnaires publics; ils présentent le sublime tableau de la CONVENTION NATIONALE.

Forme essentielle d'une constitution.

Pour que les rédacteurs d'une constitution opèrent sagement, ils doivent se conformer à l'esprit de leurs commettans, et soumettre le tout à l'examen du peuple, autrement ce serait remplacer la volonté de tous par quelques volontés particulières. La sanction du pouvoir constituant est le véritable sceau de la volonté générale bien exprimée ; c'est en quoi se manifeste évidemment le vœu du souverain. Telle est la *forme essentielle d'une constitution.* Alors cette constitution, reposant sur l'esprit et dans le cœur d'un peuple, il n'a point intérêt de la changer, puisqu'elle assure l'exécution de sa volonté, par conséquent son bonheur.

Pouvoirs constitués.

La stabilité d'une société exige nécessairement des précautions politiques ; et une grande nation ne peut, sans s'exposer à des confusions qui entraîneraient des désordres, exercer par elle-même les fonctions publiques. Le pouvoir constituant transmet donc à des citoyens, le droit de rédiger et de faire exécuter sa volonté ; tous ces mandataires forment les *pouvoirs constitués.*

Magistrats.

Tous les citoyens élus par le peuple, sont autant de membres du corps civil et politique, que l'on désigne par le nom générique de *magistrats.* Officiers du souverain, dépositaires de sa volonté, ils exercent en son nom le pouvoir qui leur est confié, pouvoir que le souverain peut limiter, modifier, reprendre selon que l'intérêt public l'exige. Comme une fonction publique n'est point la propriété de celui qui l'exerce, que son exercice est un devoir pour lui envers la société, tous les fonctionnaires publics sont responsables de leur administration, *il n'y a de sacré et d'inviolable que la loi.*

Gouvernement.

Quoique les fonctions des magistrats soient différentes, ils doivent avoir des relations, des correspondances mutuelles, afin que l'on distingue facilement la volonté d'avec l'action. La première réside dans la *puissance législative,* la seconde dans la *puissance exécutrice*; rien ne peut se faire sans leur concours, parce que ces puissances n'ont essentiellement qu'un même but, la manifestation et l'exécution de la volonté générale. Ainsi par l'accord, par la réaction qui entretiennent le mouvement de la machine politique, il s'opère, dans la personne publique, le même effet que dans l'homme, l'union de l'ame et du corps ; c'est cette harmonie indispensable, qui fait de toutes les autorités constituées, un *homocentrique* où se réunit la volonté souveraine. Tous ceux qui exercent les pouvoirs publics forment un corps civil et politique d'organisation sociale, qu'on désigne par le nom de GOUVERNEMENT. Le gouvernement, homme moral, est un agent public établi entre le peuple-souverain et le peuple-sujet, pour maintenir la liberté civile et politique ; il est le *ministre de la nation*.

République.

Le gouvernement est institué, non pour l'intérêt des gouvernans, mais pour celui des gouvernés. Il n'a d'autre objet que l'administration des affaires publiques. *Res-publica* ; ce mot est la racine de RÉPUBLIQUE.

Gouvernement universel.

L'égalité politique étant la base essentielle de ce gouvernement, et les hommes devant avoir le même but, concluons que ce *gouvernement* deviendra *universel*, si les peuples s'éclairent assez pour secouer le joug d'une poignée de scélérats, élevés au trône par l'ignorance, et soutenus par l'adulation.

Moyens de garantir la souveraineté du peuple.

Lorsqu'un peuple s'est donné une constitution bien réfléchie, reposant sur des bases solides, librement consentie et sanctionnée par lui-même, il est de son intérêt de la maintenir le plus qu'il est possible. Autant d'innovations, autant de coups de coignée qui frappent les membres de la société, et qui pénètrent jusqu'au tronc politique. Pour mettre à l'abri de toute atteinte la constitution, type du gouvernement, il faut que chaque pouvoir, correspondant avec tous les autres, soit borné dans ses fonctions, et que son droit reste toujours intact. Conserver à la constitution toute sa force, c'est *garantir la souveraineté nationale* et assurer le bonheur du peuple.

§. I V.

Des pouvoirs publics, de leurs fonctions, et des devoirs mutuels du peuple et des magistrats.

Pouvoir législatif.

La première puissance d'un état, celle qui doit régler la marche du gouvernement, est la *puissance législative*. Elle sera digne de la majesté d'une nation, si elle est confiée à des magistrats qui réunissent les vertus aux lumières.

Ce sénat, par ses fonctions augustes, est la tête du corps politique ; c'est lui qui le fait mouvoir et qui règle ses actions ; c'est le principal agent et le premier moteur du gouvernement.

Fonctions du pouvoir législatif.

Les *fonctions du pouvoir législatif* consistent à faire toutes les lois réglementaires, d'après les bases constitutionnelles. Il doit établir les impôts, en déterminer la nature, la quotité, la durée et le mode de perception ; fixer les dépenses publiques, en régler l'emploi ; statuer sur l'organisation et la tenue de la force publique ; ratifier les traités d'alliance. Enfin il doit surveiller le pouvoir exécutif dans toute l'étendue de ses fonctions ; lui faire rendre compte, l'approuver ou l'improuver ; le punir même suivant les cas.

Pouvoir exécutif.

Tels que les membres du corps humain suivent le mouvement de l'esprit ou de la pensée, tels doivent être les magistrats fesant exécuter la volonté du souverain, ou les lois du corps législatif auquel ils sont subordonnés. Ces magistrats de la plus haute importance, forment le *pouvoir exécutif.*

Le pouvoir exécutif doit être sans cesse en activité, parce qu'il donne à la machine politique les grands mouvemens qui conduisent, qui règlent tous les membres du corps social. Son action, si elle est sage et harmonique, maintient la justice, l'ordre, la paix

Fonctions du pouvoir exécutif.

Pour que les ressorts du corps politique soient simples, solides, qu'ils n'éprouvent point d'obstacles dans leur jeu, qu'il y ait plus d'activité dans leurs mouvemens, plus d'unité dans le but et plus d'accord dans les moyens, les fonctions du pouvoir exécutif sont bornées à l'exécution des lois. Ces fonctions embrassent les domaines nationaux, les finances, l'instruction, les travaux et l'ordre public, objets immenses dont l'administration exige l'accord des talens et des mœurs, des connoissances et de la probité.

Le pouvoir exécutif, considéré comme chef suprême de l'administration générale de l'empire, est véritablement le cœur du corps politique Là doivent aboutir tous les ressorts de l'état; leur action, leur réaction expriment toujours la vigueur du gouvernement.

C'est donc au pouvoir exécutif de promulguer et de faire exécuter toutes les lois emanées du pouvoir législatif; d'entretenir les relations politiques au dehors ; de conduire les négociations, d'arrêter avec les puissances étrangères, les traités d'alliance, de commerce et les autres conventions qu'il jugera nécessaires au bien de l'état, en se conformant au pouvoir que lui donne la loi, et sauf la ratification du pouvoir législatif.

Au dedans, il doit surveiller tous les fonctionnaires publics, soit qu'ils tiennent de lui leur nomination, soit qu'ils l'aient reçue d'ailleurs.

Les membres du pouvoir exécutif étant au corps politique ce que les bras et les jambes sont au corps humain, comment faut-il considérer les principaux agens des administrations ? Comme des doigts dont les mouvemens répondent aux membres. Si l'on suit toujours la même comparaison, tous les agens subalternes sont autant de nerfs qui fortifient le jeu de la machine politique. Rien ne se fait sans une correspondance mutuelle, sans cette continuité d'action et de réaction qui entretient la vie et la vigueur morale. La surveillance, jusques sur les subalternes, descend graduellement des chefs d'administration, du pouvoir exécutif, du pouvoir législatif, enfin du souverain même ; heureuse organisation, d'où il ne peut résulter que de bons effets. Est-ce assez d'avoir circonscrit chaque pouvoir dans le cercle des fonctions qui lui conviennent ? Non sans doute : l'expérience qu'on oublie toujours ses devoirs plutôt que ses droits, donne lieu de faire ici l'application des devoirs mutuels des magistrats envers le peuple, et du peuple envers les magistrats.

Il faut que tout membre de la société considère le bien commun, comme le meilleur garant de son bien individuel; l'observation de son devoir, comme l'affermissement de son droit; la soumission à la loi, comme le maintien de l'équilibre du vaste édifice de l'état.

Devoirs des magistrats.

Les fonctionnaires publics ont de grands devoirs à remplir envers la société dont ils sont membres. Institués par le peuple et pour le peuple, ils ne doivent voir dans le peuple que des égaux. Ils ne sont plus à eux, ce ne sont que les victimes honorables de la félicité publique. Leurs momens, leurs talens ne leur appartiennent plus, ils les doivent à leurs places. L'éminence de leurs postes sera plutôt remarquée par l'éminence de leurs vertus, s'ils veulent justifier le choix qui s'est fixé sur eux.

Devoirs du peuple.

Les magistrats ayant à maintenir l'ordre, la justice et la paix, le peuple leur doit des égards pour honorer son propre ouvrage. Organes du souverain, ils doivent trouver obéissance et soumission, lorsqu'ils parlent au nom de la loi. S'y refuser, c'est se rendre coupable;

ce n'est que par la force de la loi que se soutient un gouvernement libre ; s'il en était autrement, la liberté serait renversée par la licence, l'ordre par le désordre, et l'anarchie entraînerait l'état à sa perte. La loi est le ressort politique le plus puissant qui doit agir sur un peuple libre.

La garantie de l'état exigeant une force réelle pour le maintien de l'ordre au-dedans, et pour la sûreté au-dehors, il faut, pour l'avantage commun, que chaque membre y contribue en raison de ses facultés physiques et morales : physiques par l'emploi de sa personne, lorsqu'on est requis pour la sûreté publique, et par sa contribution aux dépenses de l'état, proportionnellement à ses moyens ; morales par l'emploi utile de ses talens.

Le concours à l'exécution des devoirs assure la justice, l'ordre et la paix.

Ce n'est que par le *concours* des citoyens *à l'exécution* de leurs *devoirs*, que peuvent se maintenir la *justice*, *l'ordre*, la *paix*. S'ils aiment sincèrement leur patrie, ils ne seront jamais en retard pour l'acquittement des impôts ; la pratique des lois, la surveillance des ennemis du bien de l'état, le sacrifice de leur fortune, de leur vie même, rien ne ralentira jamais leur zèle, ni leur ardeur. Loin d'eux les mouvemens inquiets, symboles de la pusillanimité, dont l'effet ordinaire est de promener au-dehors ses soucis et ses craintes, jusqu'à ce qu'on voie renaître le calme dans l'état dont on est membre. Les bons citoyens, toujours prêts à voler au secours de leur pays dans les momens d'alarmes, se rassureront les uns les autres par leur attitude fière, imposante.

Patriote.

La prospérité publique est le prix de la réunion des efforts particuliers. C'est en elle que chacun trouve la garantie de sa personne, de ses propriétés, les ressources ordinaires pour conserver, pour accroître ses jouissances.

C'est donc en elle qu'on recueille les fruits de son civisme ; et quiconque contribue de tout son pouvoir au bonheur de son pays, est digne du nom de *patriote.*

§. V.

Droits et devoirs respectifs des nations.

Droits d'une nation.

La souveraineté résidant, par son essence, dans l'universalité des habitans, nul individu, nul corps ne peut exercer d'autorité publique, si elle n'émane expressément de la nation. Que le mépris, l'oubli, l'ignorance, la contrainte, fassent sortir les fonctionnaires publics du cercle de leurs pouvoirs, ces faits abusifs ne peuvent détruire les droits sacrés, inaliénables et imprescriptibles de l'homme.

Les domaines de l'état ne peuvent être aliénés que par la nation et pour l'utilité commune.

En conséquence de ces droits, il n'appartient dans la société à aucun de ses membres, soit individuel, soit collectif, d'aliéner en tout ou en partie les domaines de l'état, sans la volonté générale bien exprimée. Ainsi, tout administrateur, tout fonctionnaire qui, au mépris de la loi, vend, engage, aliène un territoire quelconque dépendant de l'empire, fait autant d'actes nuls, et la nation a le droit de rentrer dans l'objet aliéné : *Les domaines de l'état ne peuvent être aliénés que par la nation et pour l'utilité commune.*

Salut réciproque des nations.

Le droit de souveraineté est un, indivisible. En vain une portion du peuple, sous une dénomination quelconque, couvrirait-elle du voile de l'amour du bien public, son mépris pour la loi, émanée de la volonté générale. Sa résistance à la souveraineté nationale, soit par des exactions arbitraires, soit par des levées d'armes, lui imprimerait le caractère que portent les rebelles à la mère-patrie, caractère qui doit entraîner la confiscation des biens à titre d'indemnité.

Nulle puissance n'a le droit de prêter main-forte à des rebelles à leur patrie, sans encourir l'indignation, le mépris, la haine, le châtiment des autres peuples : le *salut réciproque des nations* leur impose la loi de respecter, de maintenir la souveraineté d'un peuple, aux droits duquel on porte atteinte.

Conquête signifie usurpation.

Nul n'ayant le droit de commettre ni injustice, ni violence envers aucun individu, dans sa personne ou dans ses propriétés, il doit en être de même de peuple à peuple. Ainsi, toute entreprise sur une nation est illégitime, en ce qu'elle n'est que la suite de la force, de l'oppression, de la tyrannie, du brigandage et de la scélératesse. Ce n'est point la force, c'est une volonté libre qui fonde le droit. Par conséquent, toute *conquête* signifie *vol* ou *usurpation*, et les usurpateurs sont tenus de restituer.

Droits et devoirs réciproques des nations.

Conformément aux principes qui viennent d'être établis, un peuple peut créer ou réviser sa constitution comme bon lui semble, sans qu'aucun autre peuple ait le droit d'y participer et de s'en mêler ; il peut rentrer dans ses domaines induement aliénés ou envahis, et nulle puissance n'y doit porter obstacle, parce qu'il recouvre une propriété qui a dû rester intacte.

Ainsi, soit qu'une nation exerce ses droits dans son territoire, soit qu'elle recouvre audehors ceux qu'on lui a usurpés, elle fait un acte

acte légitime, en respectant les propriétés étrangères ou indemnisant les personnes qui en auraient souffert des dommages. Conséquemment on doit conclure qu'un peuple peut aider un autre peuple à recouvrer ses droits, lorsqu'il le trouve convenable ; c'est même un acte aussi noble que légitime : dans ce cas les *droits* et les *devoirs des nations sont réciproques.*

Incorporations des nations.

Les mêmes principes mènent encore à reconnaître le droit des nations, de se fédérer entr'elles pour leur défense commune, de s'incorporer les unes avec les autres pour l'accroissement de leurs forces, et de faire tous les traités qu'elles jugent convenables à leurs intérêts.

Devoir d'une nation de remplir ses engagemens.

Une nation veut-elle s'attirer et conserver le respect des puissances étrangères ? Qu'elle soit exacte à remplir ses *engagemens* envers les autres nations. Si elle y manque, elle encourt leur mépris et leur haine, elle s'expose à des guerres dont tous les frais doivent être à sa charge.

Droit des gens.

Pour que les droits de l'homme soient réalisés dans toute leur énergie, il doit être libre à tout individu de quitter la nation dont il fait partie, d'y revenir, d'en adopter une nouvelle, en un mot d'aller, de venir à son gré, sans qu'on puisse l'inquiéter, pourvu qu'il ne nuise point à autrui, et que sa patrie naturelle ou adoptive ne soit point en danger lors de son départ. Cette liberté réciproque est imprescriptible; elle est fondée sur le droit naturel d'où dérive le *droit des gens.*

Ce droit, dans toute son étendue, ne permet point l'exercice de ce qu'on nomme droits d'*aubaine*, de *bâtardise* et de *déshérence*, termes barbares, actes injurieux à la dignité de l'homme et à la majesté des peuples. Ainsi, tout individu, quel que soit son domicile, doit avoir le droit de recouvrer la succession d'un parent, à quelque ligne ou degré qu'il se trouve, pourvu que la parenté soit prouvée par titres. Hors ce cas, c'est-à-dire, faute d'héritiers, les biens de celui qui n'en a point disposé, doivent appartenir à la nation, dans laquelle il exerçait les droits de citoyen ou avait son dernier domicile connu.

Par une suite du principe du droit des gens, tout étranger, résidant ou non dans un état, peut y contracter des engagemens, y acquérir des biens, en disposer comme bon lui semble. Soumis, comme les indigènes, aux impôts du pays, il doit y jouir de la plénitude de ses droits.

Frein à la mauvaise-foi et aux passions des hommes corrompus.

Il est de l'intérêt et de l'honneur réciproque de nations, de faire respecter le droit de tout individu. Or, les gouvernemens doivent interposer leur autorité pour assurer et faire payer les créances, tant des domiciliés que des étrangers, résidans ou non dans l'état où se trouvent les débiteurs ; de même ils doivent faire arrêter tout individu qui aurait encouru punition, qui serait réclamé par son gouvernement. C'est là un grand *frein à la mauvaise-foi et aux passions des hommes corrompus.*

Cette activité des gouvernemens réprimera, préviendra le mal ; elle assurera le respect dû aux propriétés, et empêchera par-tout le séjour du vice. Avec des précautions aussi salutaires, la bonne-foi sera l'ame des traités, et la confiance mutuelle s'établira parmi les hommes.

Moyens pour encourager l'industrie et faire fleurir les états.

Afin que les peuples jouissent complétement des droits de l'homme, et fraternisent de plus en plus, il n'y aura point d'entraves au commerce, plus de perceptions odieuses qui écrasent le citoyen sans soulager le corps politique. On doit laisser un libre cours à l'industrie de l'homme qui, à cet égard, connaît toujours ses intérêts.

Pour mieux faciliter le commerce et déjouer la mauvaise-foi de l'expérience envers l'inexpérience, les gouvernemens devraient convenir et avoir un seul poids et une seule mesure. Dans la vue du bien de l'état et de celui des particuliers, ils auront soin d'accorder des primes, des gratifications pour encourager les talens, et de faire des avances pour des entreprises dont les résultats promettront des avantages à la société. Par de sages mesures, les échanges tripleront de peuple à peuple; le génie prenant son essor, il se formera des établissemens où l'art secondant la fécondité de la nature, amenera l'aisance parmi les peuples actifs et industrieux. *La richesse des peuples est la mesure de celle des états.*

Comment cesseront les rivalités des hommes, des peuples et des gouvernemens.

Les peuples, intéressés à se visiter réciproquement, se communiqueront et par la pensée et par le langage. L'affection, la bienveillance feront développer un attachement mutuel; ils s'uniront par des alliances, dès-lors on verra naître l'émulation; il s'établira des lycées, où, par le concours des connaissances, l'homme s'élevera à la hauteur qui lui convient. Des mœurs simples, une vie frugale, une activité raisonnable, feront enfin de l'homme un être vraiment sociable, qui, conduit par la sagesse, goûtera les douceurs de la vie à l'ombre de la paix et de l'aisance. Alors les peuples et les gouvernemens, loin de ne voir en eux que des relations meurtrières, dérivant de l'égoïsme, se convaincront de cette vérité éternelle que les hommes sont nés pour leur utilité réciproque. Alors concourant mutuellement au bien commun, chaque individu, sur le globe, jouira de ses droits avec sûreté. Alors on verra cesser toutes ces honteuses *rivalités d'homme à homme, de peuple à peuple, de gouvernement à gouvernement*, rivalités qui nourrissent, propagent la mauvaise-foi, la cruauté, d'où naissent les querelles, les meurtres, les guerres sanglantes et destructives, tout à la fois le fléau des gouvernemens, et l'opprobre de l'humanité.

Garantie réciproque des nations.

Puisque les hommes se doivent des secours mutuels qui maintiennent l'harmonie de la société, il doit en être de même de peuple à peuple ; on doit entretenir un bon voisinage. Ainsi une nation attaquée injustement dans les personnes et dans les biens, a le droit d'appeller à son secours une nation voisine. Dans ce cas, un peuple requis doit ses bons offices, tant pour terminer les différends, que pour repousser la violence des infractions aux lois humaines, civiles et politiques. Ce droit fait la *garantie réciproque des nations*. Hors ce cas, nul peuple ne doit prendre les armes contre un autre. La paix est l'état naturel de l'homme.

L'assistance mutuelle des peuples maintient l'harmonie et assure leur prospérité.

Si tout individu affligé, a droit à la commisération, à la bienfaisance, au secours de ses semblables, il doit en être de même entre les peuples. Ainsi une nation, frappée de quelques fléaux, grêle, gelée, débordement d'eaux, incendie, tremblement de terre, épidémie, a droit de réclamer les bienfaits des nations qui l'avoisinent ou qui lui sont alliées. Il est du devoir de celles-ci de venir au secours du peuple affligé, en tâchant, par tous les moyens possibles, de réparer ses pertes, sauf le remboursement des avances, lorsqu'elle en aura acquis les facultés. Les droits et devoirs à cet égard sont réciproques ; un refus inhumain serait impolitique : *L'assistance mutuelle des peuples maintient leur harmonie, et assure leur prospérité.*

Paix perpétuelle dans l'univers.

Concluons, en suivant les principes qui viennent d'être développés, principes puisés dans l'ordre naturel, enseignés par la raison, par la justice, révélés par la philosophie, cette déesse descendue du ciel pour faire régner l'ordre sur la terre, concluons que les hommes, instruits par une longue et triste expérience, ne s'attacheront plus à rendre un culte aux tyrans qui les avoient aveuglés ; qu'ils ne brûleront plus d'encens sur des autels dressés par l'ignorance et cimentés par le sang humain ; qu'éclairés sur leurs vrais intérêts, sur tout ce qui peut assurer leur bonheur, ils secoueront les préjugés ; qu'ils abhorreront le fanatisme, la superstition ; qu'ils attacheront leur gloire à faire régner la justice, la raison et la vertu ; qu'ils scelleront par l'union, par la concorde, cette touchante fraternité qui ouvre les cœurs, qui fait épancher ces doux sentimens de l'amitié ; que l'humanité enfin reprendra tous ses droits. Alors tous les peuples vivront dans un état sûr et tranquille ; alors disparaîtront ces guerres, ces rivalités qui dégradaient l'espèce humaine ; alors commencera d'un pôle à l'autre le règne de la *paix perpétuelle*, qui fera le charme de la vie.

Réflexions philosophiques.

En vain les peuples feront-ils des efforts pour se régénérer, s'ils ne brisent les sceptres des tyrans couronnés ; s'ils n'anéantissent tout ce qui en est le funeste accompagnement ; s'ils n'extirpent les préjugés, à l'aide d'une bonne instruction. Le plan que nous venons de développer, ne paraîtra plus que comme un beau rêve; et les peuples retomberont dans le gouffre de l'esclavage.

Mais, conduits par la philosophie, éclairés sur leurs intérêts, sur leurs devoirs; ne rendant de culte qu'aux vertus morales, ils opéreront une métamorphose heureuse pour l'humanité. Alors s'établira, d'un hémisphère à l'autre, une correspondance utile. L'opinion universelle, formée par la raison, aura l'initiative solemnelle sur tous les objets tendant au bonheur des hommes.

A cette époque, très-reculée dans les esprits encroûtés d'ignorance, la terre sera divisée dans l'ordre tracé par la nature. Les mers, les détroits, les fleuves, les hautes montagnes, seront les limites des empires; et les empires seront distribués par cantons: les rivières, les forêts leur serviront de ligne de démarcation. Les chefs-lieux, placés au centre des cantons, seront habités par les administrateurs, et les gouvernemens résideront dans les villes centrales des empires; de sorte que les quartiers correspondront avec les cantons, et les cantons avec la ville centrale. Les familles seront présidées par des patriarches; les quartiers par des municipaux ; les cantons par des administrateurs, et les empires par les gouvernemens.

Par cette distribution naturelle, il s'établira entre les administrés et les administrateurs, une correspondance active ; et au moral comme au physique, on verra un accord parfait entre les gouvernés et les gouvernans. De là une harmonie qui assurera la tranquillité universelle. Chaque gouvernement représentera l'arbre politique qui étendra ses ramifications bienfaisantes dans toutes les parties de l'empire. Cette union formera un tout de la masse des individus composant une nation, dont la souveraineté restera toujours intacte, tant qu'on exécutera les lois constitutionnelles de l'état.

Aux rivalités destructives succédera, pour l'avantage de tous, une émulation réciproque. Des apôtres de la liberté iront dans les diverses régions, affrontant les dangers, portant la lumière chez leurs semblables. Les peuples instruits sur leurs devoirs, sur leurs droits, se regarderont tous comme l'unique famille du genre humain ; ils formeront entr'eux des alliances utiles et durables. Ce sera un peuple de frères, prospérant sur la terre leur mère commune, vivifiée par l'astre dont les rayons lumineux et bienfaisans s'étendent à toutes les créatures de l'être suprême.

Voilà ce que nous promet la philosophie, lorsqu'enfin seront précipités dans le fleuve de l'oubli, toutes les immondices du vice, et que la vertu seule prendra son essor. Alors naîtra l'AGE DU BONHEUR!!!...

MAXIMES PATRIOTIQUES.

Aux hommes.

1.

RECONNAIS un seul être suprême, protecteur de la nature entière. Le culte qu'il exige est renfermé dans l'accomplissement des devoirs naturels, civils et politiques ; ce qui assure la prospérité des nations.

2.

Affranchis-toi du joug royal, sacerdotal et féodal : le souverain est la nation ; la majesté, la loi ; et la noblesse, la vertu.

3.

Sois attaché à ta patrie comme à toi-même : elle est garante de ton bien-être.

4.

Résiste à l'oppression ; déteste les tyrans, et maintiens la liberté au péril de ta vie : sans liberté point de patrie.

5.

Renonce aux conquêtes ou usurpations, et

ne pense plus qu'à faire une seule famille du genre-humain ; c'est le seul moyen d'établir la paix universelle.

6.

Cherche l'instruction ; travaille à ta félicité, à celle de tes semblables ; c'est le vœu de la nature.

7.

Fuis le vice ; pratique la vertu : ta conscience garantira ton bonheur.

8.

Sois juste, humain et compatissant envers tes semblables ; on le sera envers toi.

9.

Sois bon, indulgent : étant faible toi-même, tu as besoin de bonté et d'indulgence.

10.

Obéis aux lois : elles sont ta sauve-garde.

11.

Respecte les chefs de l'état : ils sont indispensables pour le maintien du bon ordre.

12.

Evite la colère ; elle altère le moral et porte atteinte au physique.

13.

Sois modeste : l'orgueil irrite contre les meilleures qualités.

14.

Combats tes ennemis à force de vertu et de courage : tu triompheras de leurs efforts.

15.

Oublie les offenses : la vengeance éternise les haines.

16.

Sois frugal : ta santé en dépend.

17.

Sois chaste : la volupté affaiblit et dégrade.

18.

Fuis le luxe, l'ostentation ; ils dépravent le cœur humain, et finissent par rendre cruel.

19.

Abhorre l'avarice, l'égoïsme : ils font le tourment de l'homme ; ils étouffent le germe des douces affections qui font le charme de la vie.

20.

Supporte l'adversité avec résignation, avec courage ; l'abattement empêche de découvrir des ressources.

21.

Sois laborieux ; l'oisiveté conduit au vice.

22.

Evite le jeu ; il familiarise la finesse avec la friponnerie.

23.

Sois vrai, prudent, discret ; tu inspireras de la confiance.

24.

Fuis la débauche ; elle abrutit l'ame et abrége les jours.

25.

Mets un frein à tes passions ; elles troublent le repos.

26.

Prends un exercice modéré ; tu entretiendras la vigueur de ton corps, d'où dépend celle de ton esprit.

27.

Emploie tes facultés physiques et morales à des choses utiles ; tu jouiras d'une satisfaction pure.

28.

Evite l'esprit de parti et de corps ; il trouble la société, il fait des ennemis. En tout, suis l'impulsion de ta conscience ; elle est ton juge le plus sévère.

29.

Ne fais point parade de tes richesses : elles font naître l'envie mère de la haine.

30.

Fuis les intrigans ; comptes plus sur toi-même que sur leurs promesses.

31.

Repousses les adulateurs : ils pervertissent le cœur. Ecoutes, aime l'homme vrai, dût-il offenser ton amour-propre : sans la vérité, rien n'est bien.

32.

Aie de la déférence pour la vieillesse, l'enfance et la faiblesse ; tu auras droit à la réciprocité.

33.

Honore la vertu ; estime et encourage les talens ; tu contribueras à la prospérité de la société et tu assureras ta gloire.

34.

Sois reconnaissant : l'ingratitude écarte la bienfaisance.

35.

Aie de la vénération pour les auteurs de

tes jours ; tes enfans en auront pour toi.

36.

Sois époux fidèle ; respecte dans autrui le lien conjugal : tu jouiras des mêmes égards.

37.

Sois père tendre ; tu seras chéri de tes enfans. Elève-les dans l'obéissance aux lois et dans la pratique de la vertu : ils feront et leur bonheur et le tien.

38.

Sois zélé pour ta patrie ; surveille constamment ses ennemis ; remplis ponctuellement tes devoirs ; tu jouiras de tes droits avec sûreté.

39.

Sois fier sans arrogance avec les ennemis de ton pays ; combats-les sans frayeur ; pardonne-les sans foiblesse ; ils t'accorderont leur estime et leur amitié.

40.

Sois bien circonspect en élevant tes concitoyens aux dignités ; n'aie pas en eux une aveugle confiance ; tu en serais puni. . . .

41.

Aie peu d'amis, mais choisis-les bien : l'amitié fait le charme de la vie ; la perfidie en fait le tourment.

42.

Résigne-toi sans murmure aux lois impérieuses de la nécessité : te plaindre, ce serait augmenter tes maux.

43.

Sois grave, sans pédanterie ; gai, sans turbulence ; évite en tout les extrémités ; tu en seras récompensé par l'estime de tes semblables.

Enfin, souviens-toi que ton bonheur dépend de ta sagesse. Voilà ta religion : toute autre est insignifiante, ridicule et oppressive.

Aux femmes.

1.

Evite la colère : elle altère la santé et ternit la beauté.

2.

Sois douce, bienfaisante, compatissante, indulgente ; tu gagneras l'estime et l'affection de tous ceux qui t'approcheront.

3.

Sois modeste : la modestie ajoute aux charmes.

4.

Sois discrète : l'indiscrétion éloigne la confiance.

5.

Sois fille respectueuse, épouse fidelle, mère tendre, amie sincère ; tu seras respectée et chérie.

6.

Sois décente en tout point, parée sans coquetterie, obligeante sans faiblesse, retenue sans hauteur, économe sans avarice, affable sans affectation ; tu auras des droits à la bienveillance et à la vénération.

7.

Que la pudeur couronne ton front, que la propreté t'environne, que les soins de ta maison t'occupent ; tu feras le charme de la vie de l'homme et ton bonheur.

Ce sont là tes vertus ; elles seules te rendront recommandable aux yeux de tes concitoyens.

Aux magistrats.

1.

Tu rempliras tous les devoirs d'homme ; tu es homme avant d'être magistrat.

2.

Souviens-toi que, dans la nature, tu es l'égal de tes concitoyens ; que tes pouvoirs viennent d'eux seuls, et que tu n'es établi que pour protéger et non pour opprimer ceux qui te les ont confiés.

3.

N'oublie jamais que, par ton emploi public, tu as de grands devoirs à remplir ; que la justice est une dette, que cette dette est de tous les jours et de tous les instans.

4.

Tu n'exigeras obéissance qu'en vertu de la loi, autrement ce seroit légitimer la désobéissance.

5.

Traite tes concitoyens comme tes enfans ; tu seras chéri comme un père.

6.

Encourage l'agriculture et tous les travaux utiles à la société. Sois indulgent envers le faible, punis le méchant ; honore la vertu, récompense le mérite ; tu feras prospérer la nation.

7.

Prêche la vertu par l'exemple ; l'exemple frappe plus que les discours

8.

Souviens-toi que ton bonheur dépend de celui de tes concitoyens, qu'un chef sage mérite des hommages ; mais qu'un chef méchant est un fléau, qu'il doit être déclaré indigne de remplir aucun emploi public.

Enfin tu chercheras constamment la vérité, tu feras sans cesse régner la justice, tu protégeras ouvertement l'humanité opprimée et tu maintiendras de tout ton pouvoir l'égalité qui fait la base de la liberté. Voilà ce qui assure la suprême félicité des peuples ; voilà ce qui fait l'unique gloire des magistrats.

Invocation à l'être universel.

Toi qui, par ta seule puissance, embrasses et diriges jusqu'à l'infini tout ce qui existe, délivre-nous de l'ignorance et de ses funestes effets; donne-nous la lumière en toutes choses une aisance assurée, la santé, la paix et la vertu, les vrais biens qui nous soient précieux et les seuls dignes de ta munificence.

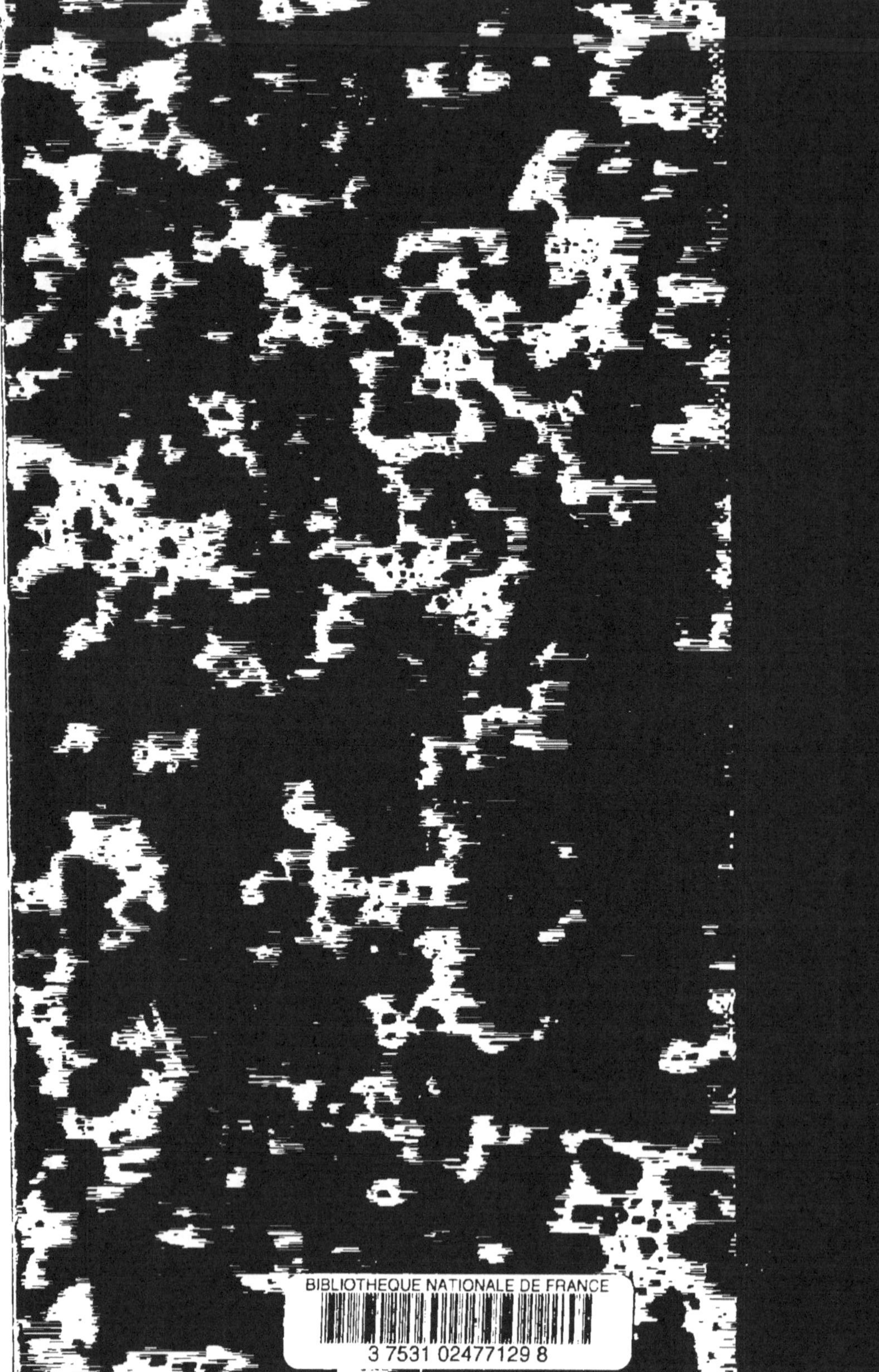

www.ingramcontent.com/pod-product-compliance
Lightning Source LLC
LaVergne TN
LVHW010045230826
846091LV00005B/1882

* 9 7 8 2 0 1 3 2 5 6 8 8 9 *